修行的蝉

林柏希——著

羊城晚报出版社
·广州·

图书在版编目（CIP）数据

修行的蝉 / 林柏希著. —广州 ： 羊城晚报出版社，2021.10

ISBN 978-7-5543-0983-4

Ⅰ. ①修… Ⅱ. ①林… Ⅲ. ①诗集—中国—当代 Ⅳ. ①I227

中国版本图书馆CIP数据核字（2021）第207506号

修行的蝉

XIUXING DE CHAN

责任编辑 潘子扬 顾晨咪

责任技编 张广生

装帧设计 友间文化

责任校对 杨 群

出版发行 羊城晚报出版社

（广州市天河区黄埔大道中309号羊城创意产业园3-13B 邮编：510665）

发行部电话：（020）87133824

出 版 人 吴 江

经　　销 广东新华发行集团股份有限公司

印　　刷 广州一龙印刷有限公司

规　　格 889毫米×1194毫米 1/32 印张6.125 字数120千

版　　次 2021年10月第1版 2021年10月第1次印刷

书　　号 ISBN 978-7-5543-0983-4

定　　价 48.00元

作者简介

林柏希

2004年出生于广东深圳，10岁随父母移居香港，14岁到英国留学。先后就读于深圳市天健小学，香港圣安多尼学校、圣嘉勒女书院，现就读于英国约克郡的士嘉堡学院。

目录

Contents

新 生

幼 虫

蛹

成　虫

轮　回

新生

童话

春开启
风铃微醺
眼所及
青葱无瑕

旋转
光的舞台是草原
起飞
兔子掉进云朵

雨复活的范围
为山川擦拭凉爽
林径有彩虹涂鸦
童话是上帝的密语

胚胎

世界属于七种颜色
在色彩的思量下
绘制了
神秘的胚胎

风呼啸时发芽
由春至夏
枝丫分裂
延展成星宿

童年圈养起大地
为治愈蓝天的忧郁
树苗争先划破天际
结出缤纷蝉鸣

彩虹的沉沦
造物把造物采摘
花蕊中温存
自我为自我盛开

语言

点一盏灯
火芯温润着　窗外雾蒙
亮一季节
心弦泉水里　情愫倾泻

菩提树下阖上了双眼
风与红线交织到缠绵
木棉包围含蓄　最纯粹

荷花淤泥中复苏
湖水腼腆里迂回
等涟漪消融花絮

是夏夜
失眠时听蝉鸣祈愿
诉说着
那属于红豆的语言

雏鸟

镜像世界中
雏鸟凿穿蛋壳
无稽的努力
挣脱真与假的边界

剥落黑暗
布满仍沉睡的光
梦境汹涌
睁眼于无垠海洋

万花筒

多彩的愉悦
如一碟彩虹
咀嚼着
各种语言

无数面皮
即使飞鸟与鱼
积层下
也有一样的心

万花筒
各种奇迹献祭
百变的符号
刻画无限
最完美的世界

光

有一种余光
照亮了天堂
等上帝笑着列举
等恶魔相赠慈悲

融化着碑记
豁免倔强
火灾的原料
苍白乖张

无人之境
被一句句宣言唾弃
不苟阴柔
仿佛遐想违禁垂涎

当世界被揭露
只想让魂魄装进
无垠的混沌
在强光中遣返
回到与黏膜
最初邂逅的地方

豆蔻

僻静蓝泉开始枯竭
站在星球彼岸守夜
黎明将树赠予春雪
行舟悠然追寻皓月

夹在心弦的书签
印刷上倾情言语
风沙暂停了时间
落叶呼唤着期许

暖阳灌溉起田园
雨飘过轻拂檀脸
藏身时　躲着谁的眼眸
迷路后　甘愿赠予豆蔻

珠贝

涨潮时
珠贝上岸
浪花洗涤着蚌肉
颠倒　慵懒关了窗

银丝牵引着家
就算把珍珠碎裂
羁绊养育色泽
就算被陨石凿穿

民族为海
活着　即是梦想
恬静之眼
眨动　播撒月光

花果

迷情芳草地
散发着泥泞的芬香
坐在树梢　随着风
飘浮　旋转　吞没

受潮的山川
让热忱环抱
白雪被温润勾勒
化作露水和雾霭

光束穿破了窗
孤寂而赤裸
外头汇成了花
回忆在结果

果核忘了过去
氧气稀薄
外皮都被阴干
皱褶撞击时轻松

微醺天亮
种子收藏的时刻
故老的新绿
又再将谁人拉扯

蜘蛛网

蜘蛛织网
随心而为
不羁的态度里
包容着
运作世界的哲理

走过夜的背影
把梦编写更迭
玩转在指尖
转眼又云烟

规则的生命
被诠释不同境遇
没有急促的足音
只在追风时抹去雨水

日出　日落
它一如既往
沿着地平线
启程去冒险

烟花

我流浪在蓝海
汹涌成就了无赖
黎明生于雾霭
风起　叶的间隙里倾泻出爱

我静候在灯塔　等潮汐日落
浪涛是沙石对明日的牵挂
雨迹　显得深宵的池塘格外邋遢
忐忑　蝌蚪问荷叶上是否有青蛙

我总是不想长大
因为倒影的面孔里住着她
自然在世间演化
只好变成点燃盛夏的烟花

晓梦

春雨倏然坠下
宛如自然的预言
流落脸颊　晶莹泪珠
都在调侃　过去的眷恋

纠缠与纷扰
细致伴随优雅
暂停着喧哗
撞疼了山崖
最终冲淡晚霞

云彩姿态
微醺朦胧在山峰
轻风懈怠
清晨中　独醒了晓梦

信件

邮包被划开
飘落的是我
故事被风卷起
袒露于荒野

一点点
浅了又浅
墨痕开始淡忘

落雨时
深了又深
水印坚持的执念

信件　扎根在树桩
纵使与收件人无缘
文字依旧在守候
等待旅人的到来
记载年月的文字
也许　终会封存心弦

渔船

夜融化于海
冲刷着流浪渔船
在破旧的外壳里
有承载希望的指南针

风雨中躺下
它纵情跌宕
任由心脏
被珊瑚填满

被藤壶占据前的桨
曾在无际中寻觅
刻印着热血与狼藉
专属千古故事的痕迹

虽然终将离去
却仍探索生机
波浪蜿蜒着日落
最后尘封在海床

沉睡的星空下
它的影子
照亮了
无数的生命

温暖

春天里
折一朵小花
寄放于心底
便不再畏惧

隆冬夜
残存的温暖
融雪时发芽
终将重启新绿

少女

被温室禁锢的花朵
绽放时道别了辽阔
眼随风追寻着蜃景
却被掩上闭幽窗棂

雨下霜蝶飞舞时娇艳
裙摆披帛婆娑着芳年
狸猫嬉戏林间时呦咽
光凿穿云层到了人间

鱼儿悠悠斑驳起涟漪
钦羡了雀雁
芙蓉少女吹奏起长笛
失色了睿艳

偏爱

地球流浪着几年四季
情愫随步伐散落宇宙
你逐一捡起　种回大地
生出地壳　怂恿律动的念头

风筝撩拨着云彩的青涩
裙摆飘散　幡然起暧昧春意
暖洋消融雪山的冰凌
眉眼低垂　唐突了雨的温柔

淡水鱼荡漾在清泉小溪
旷野中的蜜蜂沉醉于花蜜
博物馆中心　名为偏爱的展品
标记着不远处　与蝴蝶共舞的你

梅花鹿

仿佛置身雨天
彩虹在向湖泊索吻
梅花鹿抬起了
沾满细沙的脚跟
和躲进荷叶的
害羞青蛙打招呼
跟溪水再见后
它踏上泥泞小路

哎呀
怎么湿漉漉
怎么软塌塌
水滴凌乱了草坪
变成朵朵小花
它甩甩毛发
它舔舔雨露
睫毛轻颤翘望
飘浮的糖色云雾

小鹿不知
此刻的真假滉漾

醒来这一切
仅是奇遇梦乡
记得大地说
雨季后要收割太阳
看怀中晴朗
那出走了仲夏的光

林间的精灵

放眼清澈瞳孔
鱼水嬉戏交融
斑驳倒影里　我正凝视太阳
羊群沐浴日光　穿梭耀亮
屋檐下瞭望风　吹奏长廊

窗外交替季节
雨水稀疏红叶
腼腆都被浇灭
昔日青涩岁月

果糜烂后　开出彼岸的花
八卦脉络年轮的老话
鸽衔起橄榄枝　穿越汪洋
扇动起羽翼　带来自由和希望
自然女神垂眸　权衡着手中天秤
从中跃下　看啊　守护林间的精灵

漂流瓶

心情写在羊皮卷
塞进刚烧坏的漂流瓶
始于那缕清泉
跌宕到湖泊山岭

在一座孤岛　隐匿
脱开包裹着的　星辰的秘密
云林蜕脱了累赘的雨滴
他们争先恐后　喧嚷进海里

逐渐泪眼隐没于飞浪
越岭避开旁人异样的锋芒
如同逃离铁笼的燕雀
找到一处无人的树枝安歇

琥珀

温柔乡里氤氲着永生
再也唱不出激昂歌声
本该倾倒众人的迷药
变成翻腾炽热的泥沼

老虎流泪的纹路
松柏注视下凝固
僵硬身躯蜷缩而赤裸
千万年遗留下的结果

婀娜的神采姿态
悲泣或欣喜面容
化作凝结此刻的爱
成为最肤浅的虚庸

深渊吞噬着透明的漩涡
那美其名曰永生的挑拨
你可曾有挣扎过
试着逆转那
驶往甜蜜梦乡的船舵

无花果

心底鬼蜮逐渐浮现
化作阴险或作妖艳
秋波谄媚的双眼
歌颂真心的伪善

无花果腐烂过后扭曲干瘪
你躯干剖开生出恶意邪念
如黄蜂幼虫一般汹涌繁衍
是孑孓还是酣甜
是硫酸还是笑颜

要知道浮华不过乃平庸的乐园
要知道人云亦云也荒谬得无言
也许你也曾有妙龄孩童般童颜
被世俗摧残成魅影低吟般可怜
其实生命短暂得不容浪费蹉跎
不如少留遗憾让时间开出花朵

光明

一颗恒星落在月亮　壮硕的臂弯
它慵懒地怀抱挚爱　永恒的温暖
我没有注意沿途的风景
步履蹒跚地奔赴
在撒满碎石的路

血从脚底溢出伤口
一寸一寸　湿润了陆地
月光刺穿了夜阑
鲜红艳丽般璀璨

猎鹰最终划破天际
已听不到哗然唏嘘
昼夜于它都无意义
只将氧气烙印身躯

无视细雨　日光会照耀大地
拾起沙粒　拼凑曾碎裂的心
骇浪沉船　都已见证过这约定
桨是勇气　推着桀骜走向光明

太阳

巢穴被风破碎
恍然醒悟
鸟雀已将它遗忘
回忆定格在破晓

世界的角落里蜷缩自己
想象有人能把它照亮
却不曾想
其实能亲手造就新的洪荒
从而不再去忐忑谁的念想
枝叶与泥把乌云隐藏
圆形躯干圈养起晴朗

正如黑夜是失眠者的光
灵魂从腐烂身体中远走
在大地沉睡时　消化忧伤
才能于潮汐退却后
把自己变成太阳

羊群

乘流击败
沉睡的血脉
在被灵魂吞噬前
封存入神话之门

旷野被开启
顺应自然
幻化出骨肉
精神狂欢

羊群散漫
蒸发于山峰
送走了蹊径
乘着夜曲
飘逸到黎明

蹄声错落
高傲而单纯
坐在广袤的麦田
数着几粒金黄

自诩沉睡的浩瀚
美丽而无垠
那时天还很蓝
那时云还很轻

神的俘虏

修士机械般
制造着地球仪器
点醒几座城市
随风霜沧桑

提炼出灵魂纯度
镜子囚禁了小丑
让麻痹的肉身
浓缩成歌舞团

投影机
被云搅碎
再独特的年华
都只剩下空壳
沉睡中
由晕眩踏足

今夜的剧场
海便是路
当鸟雀腾空
橄榄钻出底座

枯枝伸张
报废几层船舱
涌进了
神的俘虏

朝你

天体记忆里
光洁身影在堕落
没有辩解
无力赘述

得意忘形下
有坠绪
愿被遗忘亲吻
把苦涩悠远

在力竭时
破开世界的窗
壁炉传递着明亮
绽放起破晓的剪影

胡乱攀爬的人啊
牵住自己的咽喉
匮乏潇洒
问何谓天涯

生命垂涎
干涸了未定
只知在浪迹时
朝圣　朝神　朝你

新世纪的旅程

蜗牛抛离了壳
奇特而别扭
枝叶间拉出路线
用柔软扛起世界

清冷的风
盘旋时不露痕迹
共鸣后的骚动
也刺耳依旧

月光　天空中徘徊
雨中城市格外凄凉
当场景扭曲自己
记忆已开始更迭

夜色掩护下
没时间踌躇不前
心脏粘连起碎片
沸腾跳动的血液
灵魂开启了
新世纪的旅程

幼虫

萤火虫

萤火虫里住着每一个夏天
那曾吞噬的炙热灼焰
换来执念坚强
渲染哀艳过往

当光谱开始熄灭
闻无知唏嘘戏谑
不知缝纫谁的视线
又或焚毁谁的指尖

黑夜里出生的耀亮
湖畔才是永恒故乡
因而踉跄也不懈飞扬
即使闪倏亦不忘发光

谜

神像　腐朽
湿气　让外漆解禁
四肢　坠落
融化了永恒

欲念　渗入地心
催生出的幽灵
只会盲从引力
企图染指
智慧的结晶

大气磅礴下失明
将贪婪培育
生机暗涌的洋流
成为永续器皿

以及
那　从远古便
颠覆万物
赴约昼夜的　谜

举世无双

三角把异形顶撞
为追寻圆的渴望
只是世界崎岖
公正半丝半缕

山河无法暂缓
鸟鱼总要栖息
如心不可塞满
有垂涎的空隙

遥远生出妩媚
星空何须倚仗
戏谑复制的美
罔两举世无双

生活

伊甸生灵捕获飘逸的自由
无奈命运绳索终将其束缚
活着　限期智慧　被杀戮
残忍　来不及笑　被锁喉

泉眼在干枯的雨季格外倜傥
音乐在聋哑的耳际尤其绝望
费力讨好却得到荒唐
仿佛看不到华丽堂皇
风吹过　河水也荡漾
最窘迫　竟将其遗忘

其实不过路人打扰
厌倦也别急着逃跑
淤泥堆积鱼的玩闹
搁浅沙滩不再无聊

吸收窘迫　等待潮落
无谓蹉跎　且过生活
只因当鸟不畏惧存亡
才能够真正体会飞翔

夏天

当鲸群在鸟的胃里遨游
勾勒海岸线的结构
当丛林雾蒙抽象了阴郁
风拂过　唤醒了雏菊

骑着单车压过树枝
淬炼出碧绿的晴朗
细数云雨缠绵时长
那山与大地的恩赐

坐在远山遥望朝暮
光射湖水斑驳窗沿
带着蔚蓝浪涛的纹路
融化的冰在期待夏天

红酒

微醺的河流
沾湿了理智
只愿沉醉于
苦涩的氧气

当我的红酒
让昼夜旋转
在拥抱时候
麻醉了知觉

言语濒死的瞬间
眼睛猩红
流动着浪漫
当此刻的光阴回溯
你坠身成了温柔

她

她
曾被摔碎于
通往自立的桥
用弱小坚毅的不屈
撑起捍卫的旨意

时而被妄想缠绕
挣不开的心
笔直
涣散疗愈
淤泥中凝集

猩红热下
无惧世事纷扰
只有她
仍然逆行

在荒芜中屹立
把身躯推向南方
让灵魂守望着
成为尊严的新娘
在那片被遗忘
谋杀的地方

别离

当云朵滚烫
把爱挂在光晕
沉甸甸的点滴
融成了纯粹
总会别离

无法囚禁清风
便将我与诗句扬起
降临之处
永存年少时
反复盛开的落花

你自日出之初
追奔直到日落
而我永远于
日晷的对面
随时间流浪
等待着重逢

昨天

无论什么匣子
都没法把阳光封存
它会模仿沙漏
从怀中撒落
再不见于大地

华丽的鲜花
仅绽放一夜
惊鸿仅限瞬间
随着雨滴逐渐泛滥
美　都留在了昨天

夜曲

闷热的雨意
睡梦中倾泻
捎带些许月光
世界重启清新

星辰闪烁得彻底
如波浪般晶莹
采撷明亮的心
来雕琢空灵

无际的暖洋
溶解着休止符
远方连绵的风
吹响了淡淡夜曲

未眠

花儿睡了
鲜红变得柔软
包裹住细腻
娇羞的容颜

草木睡了
睡梦中低语
与春风纠缠
沙沙声　不绝如缕

时间睡了
被拉长的夜
星斗弯曲排列
纵容着深蓝霸权

月色下　睁眼
朦胧中展望
祈祷着永恒

万物都沉寂
却还有我
未眠

镌刻

万籁俱寂
当灵魂重组
心跳声还很轻

片霎永恒
水滴的流域
爱镌刻于河里

放晴

等月亮绽放
换来一束光
太阳却早被掩埋
云层后等待
竟成了在世的残骸

不听风吹
方才察觉
夜幕的自私
风遵循着它
宁可带走细雨
也不愿让他人聆听

景象沉寂的本色
体现于无声的涟漪
起伏的湖面
又何其无辜

世界在呻吟
盲目　忙碌
只是泼洒了酒

那些烧伤的面积
需要独自在日出前填补

时间随海岸线蔓延
嫩芽还没长齐
云雨缠绵病榻
换来永恒的结局

夜雾里　氤氲的心
还是睡着了
且把云打散
星空　遂在下一秒放晴

晚间

院内枝干依然　可惜嫩芽不再
徒留风霜摧残　咀嚼剩存的无奈
秋风几载　笑颜出走　眼问何为旱灾
许是寂静　灵魂便没了波澜
尽些泥泞　雨靴已破旧不堪

我们失去交集　脚步朦胧　还是清晰
晚间摘下帽子　甩落挂在边沿的露珠
谁说我还在哭　因伤痛、悸动转作世俗
祈求僻静　我愿拿夜独来醉酒
祷告雨幕　窗用荡漾治疗恍惚

凉风轻抚着心琴
让过去坠入密林
滤光　让回忆流淌进掌心
睡去　梦里雪霜爬上发鬓

遗漏

被风暴埋没的雪橇
暂停了时针的钟表
遗失在我眼眸
不知存在与否

教堂祈祷也不可救
灵魂到底如何挽留
仿佛沉寂多时的雕塑
在无人打理的花园腐朽

无法想象你逝去的以后
鲜血再也流淌不到胸口
乌云在暖阳稀薄的尽头
阴霾肆虐　残存温柔已不够
影子远走　把信念的底片遗漏

沤梦

蝴蝶夜色中旋舞
绽放是脱轨的孤独
纠缠止步于幽暮
屈从迂回的飞行纪录

在盛夏迷失的音符
此刻全都凝结在琴谱
雨意在温柔中复苏
拾起野花　葬在何处

湖泊醒着
任尘埃在星河晃荡
宇宙恍惚
戏剧的世界在流淌

月弯的光束
渲染了酣睡的绿荫
一本沉重的书
掀开那页　沤梦是长眠的倒影

模样

随着时间漂流回荡
记忆在恍惚中张望
也许被清晨的雾笼罩住
也许被复写在笔记深处

漂泊流浪的心房
早已没了家　迷离许久
幻想失落的模样
梦中泪坠落　斑驳衣袖

湿痕让年轮腐朽
老树点缀后　山野增添郁秀
黎明漫天　日出依旧
窗杜绝飘雨　湿气便不再长久

流浪

追忆弭平了谜底
如剧本总有序章
枝丫沉寂的间隙
时而也零落晴朗

细雨在花季纷飞
荷塘变得朦胧不清
心底溅起的涟漪
赶在雷声前淡去

颈边的清风踉跄
吹散年久失修的吻痕
那年破碎的我们
散落在地图上流浪

奴隶

尘埃堆砌孤傲的城墙
倒塌时顺势覆灭向往
蝴蝶无意扇动起翅膀
在刮着沙尘暴的远方

烈阳使大地焦热
一块冰如何坚守自己
密林里深陷沼泽
幻想染指梦乡的秘密

醒来后　某一刻
丧失了迷惘的记忆
书本里　那一页
是困在心中的奴隶

洪流

霓云是泪蒸腾的
视线被雾拦遮
雨在伤痛中坠落
针流淌着滑过

颠倒眩晕的脉搏
魂魄被生命湮没
乱世刺穿了耳膜

看宽阔的河畔
鱼穿上光鲜缤纷的釉
看久违的暮暗
无视时间汹涌成洪流

霍乱

血交织烂漫房梁
雨沾湿黄昏悠扬
乱窜街角的噩梦诡谲
弧菌四溢着霍乱季节

天堂赠予处决罪恶的快意
猜不透鞭挞尸体葬在哪里
草药塞满鼻腔　鸟也窒息
面具失去表象　迷惑意义

殉难队伍在歌颂信条
教廷虚伪的无用佐料
黑水潺湲　蔓延盘旋弓弩
猎杀无知　幸存重生大陆

深渊

烛火在深渊
明亮　垂危　无止境
变换了表面
放肆祈祷
喧嚣盘旋
蓄意明灭的梦
骤停仅限表面
即将再次沉眠
解放　自由无极限

日落

泅浮潋滟湖泊
徜徉世界脉络
变成鱼
变成鸟
变成自由的轮廓

天上人间里游戏
碧空如洗下追忆
时而飞扬
时而颓唐

晚间河畔的树荫下
月色下苏醒的枝丫
看倒影干枯了水洼

秋风后　黄叶从纠缠到了脱
黄昏过　我亦独自面向日落

失声

气球　寂寞时下坠
思绪　肉体外偷窥
眼泪比剧本诚恳
让悲伤囤积皱纹

冰霜　封存起体温
悲鸣着夜　乌鸦盘旋失眠
游人　背叛了诚恳
伴随大地　坍塌山的连绵

荒野中孤傲的狼
用积雪掩饰着伤
宽阔中无望徜徉
失血后消散疯狂

想念
开口后却一声不吭
是谁
雨幕纷飞之前失声

传染病

小溪淌浑沼泽
湿地里尽潜伏着
一百个带面具的卵石
吞噬彼此　早就我中有你　你中有我
风雨雕刻形状　夜里克隆躯体
繁衍出一千个自己　竟也不惧水滴石穿

正午时　海岸线还是毫无动静
太阳并没有如愿地升起
沉睡　也覆盖着秘密
只有那海市蜃楼的雨林
寂静　陷阱不带怜悯

剖开你躯干的影子
浮现的　竟不是你身形
那是日落后　被风干　我丑陋的心
和琐碎而支离　携带传染病的肉体
看啊　在皮下组织里　有我包覆着你

欲望与恶

我们出没于大地
却又深藏土壤里
在那个影子
都触摸不到的边境

头脑潜伏着
交织起清泉与毒液
当思绪浮现出表面
与乌云狼狈为奸

水滴击垮了光
如一缕惊鸿的剧情
随着时间渗血
腐烂各个细节

血迹被发现
铺设至海峡中
欲望与恶
都汇聚在
深深的沟渠里

那来自远古的罪
将伴随着涨潮
再次被巨浪
一并抛起

孤岛的时光

一个个已凋零的星座
无暇闪烁
耀眼滑稽的容颜
一个个被架空的灵魂
雕刻星球
用脚印踩出悲哀

空洞在月台
列车被发现时
全身已破碎在巷口
迷途的守望者将铁路坐拥
蒸汽让天空云涌
争先恐后
人影都模糊在窗前

旷野上　遗留两个墓碑
支配零星的几簇杂草
星空下　动物们面面相觑
寻思着　过去的　未到来
随散沙流逝　在孤岛的时光

虚拟

虚拟被镂空
赤裸而张扬
触摸中私欲彷徨
多舛的装模作样

启迪了盘算
睥睨着时间空隙
隐约　水镜存疑
摆渡过空壳真心

星光还未眠
懵懂时指控
在失灵的现世
迁徙者已沦滞
让经纬拉长
麻木了幽远

重听

魂魄垒砌　蒸腾染指了雾霭
遍布浮滥　气体正腐蚀涅白

结界那端　住着圣洁清灵
执着把齿轮推出泥泞
吊着嗓　虔诚祷告　劝导迂拙

可重听的人捂着耳朵
拿愚浊故事　勾勒真理
胸腔里　氧气一贫如洗

末了
纷飞孤云　也终成酸雨

蛹

百合零碎

百合零碎
浪漫的谋略
百合零碎
薛定谔的孽

光盲目而残缺
邂逅在暗色花园
彩虹被雨挟持
根茎已嵌入彼此

自行杀戮
唢呐下判决
哀艳声沙
天秤质押着

被黑夜安葬
平凡而赤裸
何时能无畏坦承
放肆于晴朗

眼神啃噬言语
无知　推入墓地
尽头是深渊
还是那远古召唤

暗处
尘封的已崩塌
匿迹
归属盼在悠远

孤独

月霞在夜里漫步
旅途的终点还太远
置身夜海　默默走向未来
兜兜转转　草木青苔依然
花谢花开在原地
只是被云雾缭绕

在这世代　抱怨两朵相融的云
迂回星空　低头散落一地的雨
刮风　跌宕失重
吹烂早晨枯萎的花瓣
玫瑰　根茎僵冷
掩饰还没沸腾的骄傲

不再扎根　滑落雪山
粉碎本就凹凸的盔甲
看向远方　白色尽头是你的模样
风迷路了　把我葬送到六尺之下
骤停的气息　血液蔓延地底
清晨的光束　也只属于
冬日里　已沉睡的孤独

海啸

突然有海啸
浪涛挤压着肺
把岸谷吞噬
不见氧气

月光　鼓吹了风
轻抚每寸懊悔
逗弄着深水乌贼
让爱失明

人物回升
缅怀起诞于凌晨
被世界绑架前
未知的游灵

感染的风暴
带走了所有的黄昏
不朽的地平线
此刻达到了熔点

必需品

时间孤傲猖狂
黯淡海床
醒来无措张望
挖空的矿

发髻　散了又束　束了又散
心房流淌沉醉于湖畔
夜雨　旱了又落　落了又旱
殒落朵朵失水的铃兰

失忆　浏览回忆的坠湮
从未兑现过相信
无际　非属存在的必需品
芳草云烟在树林

暮光

掉落的知觉与理智
在滚烫漩涡里变成现实
水稀释着爱的味道
它漂白了零散的七窍

缤纷色彩的季节
童年更迭过后不再散发芬芳
电路和回忆同时短缺
烛光它遗忘了和街道的过往

那看向你的双眼
曾为繁星与蝴蝶交错的夜阑
可湖面上夕阳在荡漾
漂浮着不知是谁倒映谁的暮光

想念

凋谢在边缘　双眼蒙眬蓝天
无声的缠绵　诡异仅限瞬间
迂回般循环　思恋吞噬季节
想念怎么写　不如相继忘却

忧郁煽惑雨泪　雷声打到哽咽
伤风沦陷胶片　像标本般龟裂
陨石击垮床沿　掏空夜深明月

腐朽花落　阿兹海默的盛开
赠送予你　糟践青春的无害
未来绝缘　消受我结痂曾茧
试炼滋味　回忆糜烂在眼帘

梦中人

画面中我与你游戏
情愫在秋千上拥挤
忽略些许可疑的痕迹
此刻我只沉溺　在你温柔的怀里

惊醒　云在冲刷　侵蚀着回忆
悖逆　梦中人不愿面对雨滴
春泥被洪水肆意
不留余地　消散于流域
犹如这雾霾天气
放眼望去　迷失在眼底

心情随着波光飘逸
乱葬眩晕的漩涡里
吞噬光明　黯淡存在的意义
时间远去　问句走散了谜底

疲倦地阖上影集
灵魂死在残骸里
让烈日麻痹夜晚
消融苦楚与难堪

疾风吹灭期许
在这没有你的夏季
雨水伴随泪滴
我祈求活在睡梦里

欲望

腐蚀河口的油垢
黑夜泛滥了海流
塑胶以昂首姿态不朽
网状剪彩仪式完成后
捆绑　销售
剩下打折的自由

原先撰写净土乐章
墨水却蒸腾又变凉
放任心里的窗　许久未擦
玻璃上风雨　问如何去刮
无所谓灰烬把黎明给布满
欲望堆积后　不堪陈腐的船

碎裂

太阳把我的心刺穿
不规则破洞的缺口
流淌出墨绿色忧伤
学着树叶遮挡着光

你在梦中流了许多泪
发现眼泪变不成珍珠
掉的只有满地的碎石
砸向彼此　残缺零碎
加剧　在冬季变作灰烬
屡屡　它们堆砌成山脉

春天到来时　开始了我的远足
穿过那片荒凉的　广袤的　田野
遇见了　坐在草原上的你
星光点点　抖落在脸庞
美中不足的是
落在方圆百米
那细微的尘埃

我伸手帮忙抚去
急切　竟忘记遮挡胸膛
你步履蹒跚地走向我
用地上的碎石填满空洞
我们相视而笑
明白脉搏都是拼图
却无惧赌一场碎裂

体面

我脑中旋转着天气
想着雨水　沙漠里打翻
不知道雨滴是否会留下遗憾
这无人之地没可能因此不旱

可你却在看大海　连绵的深蓝
眼底湖水的底片　斑驳起夜阑
洗过胶卷后　魂魄剩在溶液里
是我已分不清的色彩
它仓促间稀释　隐埋

我在悲鸣里徘徊
你想牵起我的手
嘿　断线织不了毛衣
看　透过骨络　你拉扯着
不过是另一条
失去钙的绳索

但在黄昏　恍惚间
夜空的颜色　变得深沉
放眼望去　不过陷入昏厥的人
瞥一眼街角　瞳孔更清晰一寸
即使没有亮灯　陪在我梦醒时分

谁叫那早已死去的繁星
还在眼眸里定居
它们给被剩下的
在夜中道别的我们
留点来自远方的尘光
足以烧毁回车键
来照亮所剩无几的体面
只当云难过哭泣时
才抬起　同样布满泪痕的脸

半梦半醒

快门在日出前便已闭合
破碎巢穴里雏鸟在高歌
失重的云在画中朦胧
景色全都被雨水消融

风隐密的狂热
被揭穿在黄页
在那被翻阅得
布满破碎皱褶的相册
欲望　刻画下逐渐深刻
把树叶吹乱　它明灭于朦胧
只愿与不存在的光束偎拥

温暖已经到来
无畏星河的吝啬
睁眼　那静谧弥漫的夜晚
月亮依旧半梦半醒

远

等风刮到月圆
炊烟相继明灭
皓雪蒙住了天
正啃噬着思念

弥漫的梦魇
预留些时间来哽咽
坠入了深渊
感知在永恒的边缘

黄昏令谁沉醉
夕阳拉扯着眼帘
细看夜的影子
依旧是很远
很远……

一贫如洗

江流滚烫
誓言从桥上抛下
歌颂着爱意
执着至沙哑

当紧扣的锁分裂
重生了孤独的人
让心情变回易碎品
在沸水中失去自己

随着时间
存在于黑色岛屿的
贪婪念想
还是败给了黎明

蒸发后
天混浊了光芒
抬头祈祷　便失去
云　如心　如风　如雨
终将　一贫如洗

重组

向下延伸
生长的轨迹无常
黑土环绕
在牢笼中肆意

睁开眼
一半星辰
早已磨成了粉末
勾芡在荒漠

沙丘无垠
拉扯了自己
固执的复盘
分不清
绿洲化石

飓风吹袭
葬送彷徨
生命沦陷后
齿轮将启动

转动出
灵魂统治
锁眼堵上钥匙
让希望在坚定中
分裂　重组了世界

制造月光

倒影在岸上
尘封千年　鹅卵石堆砌相框
困住了欲望
风与雨一同变老

少年终会暴露沧桑
羞愧之际　已不懈存亡
只归咎于　蹉跎岁月
平淡了颓靡的哭号
只归咎于　鎏金世界
试数细沙般　蹂躏韶华

坐拥尘灰和黑石子
同时暗色系深渊里
火车或宝剑的自卫
仅畏惧是制造月光

雨

我用生命换取彩虹
是属于自己的绚烂
却无从得知
何处渗出了钦羡
此刻　我不愿沉湎于踌躇
抽干血液　注入天幕
幻想着编织蓝天

凌晨　就着夜色
攀登上最高的山
发誓与太阳相爱
去求证彼此的未来
从此便也不再期待
那被月色吞噬的世界

虽然那柔软的射线
终将在手心里黯淡
可它曾带来过温暖
仰躺于山顶　沐浴着晨光
躯干僵硬　云雾散尽了晴朗
大气中　我任由自己
被轻狂的风诛夷殆尽
被落叶与尘埃隐埋

疤

星辰把天空缝合
在云雾缭绕时
雕琢着乏味
让忧伤都闪烁

用温柔抵挡身伤
不弃不离
那黑夜的疤
是永恒的风景

涌动

月色入场
今夜粉饰了愁容
阴天晴朗
镜子里道别相拥

疟蚊刚睁眼的惺忪
血液各不兼容
影子轮廓统称牢笼
关起　便成就彩虹

笔尖让蛇来把控
溢出的半张泄洪
蔓延成　泪眼斑驳的红肿
爱沉淀　脉搏也重新涌动

进化

最初为
精湛于繁衍
不染尘埃的草原
身为古老传说
拉长了辉煌
绽放着生命和弦

千年后
家族走向城市
牧羊人留守在郊外
进化的谱
放下阴鸷的手段
未来的路
无须心底的栅栏

高歌

拉好发条
摩擦出火红
踉跄的步伐
似乎在勉强地
维持着体面

忐忑指针
流露成时间
如骄傲划过水面
又于镜头前
消失不见

当海鸟盘旋
俯身献祭
在羽翼轻触前
坠身爱的湖泊
终在沉眠中

被水藻包裹
等伤口愈合
觉醒了大地
将再度高歌

潮汐

人烟全无的岛屿
麻痹感官与时间
海浪　平静
如同　许久未升起
只存在于童话的太阳

成群的鱼虾
在结冰的水面下
无声接吻
待模糊散去焦点
再悄然窒息

雨下不停
仿佛置身海里
潜伏在深渊臂弯
任由海草咀嚼我

它把我缠绕
拨开了
沉睡的眼睛
它把光注入
带走了
下一场潮汐

云

天空
滑落泪滴
降低亮度时
响彻在窗帘

言语
被安慰了
陪着雨降临
已经数不清

迂回盘旋的节奏
被花草吸收
释出的风
如此清晰

沙漏里
彩虹在流动
而溢出的幸福
属于此刻的云

让悲伤仅限于想象
梦醒时
跟流域中重生的自己
再见

把希望寄放
将心的热忱
凝聚成宁静
归还给大地

夙愿

月光坠落
在睡梦里消失
午夜的路线
已没了终点

星辰看不见
颓唐的双眼
被禁锢着
涣散在雨中

枕头依稀
听到呢喃
还来不及透露
都融化在鹅绒

风起
穿透时空
梦里
有晶莹的夙愿

同路人

同路人
踌躇不定
张望着远方
山梁后还有山梁

质问让质问神伤
雨水拨开云的缭绕
灵魂与灵魂搀扶
当彩虹丰收了希望

同路人
一起奔向阳光
就算
山梁后还有山梁

蜕变

湛蓝盛着糖霜
绽蕊云朵　挂满赤豆的情愫
雨决意撇下太阳
午夜钟响　金箔正化作淖泞

黎明吞噬白炽
向往反方向的地址
信件焚毁污渍
拘泥无人问津的桌椅

翻遍浮生馈赠的册录
痂封闭了伤　坠进童话梦境
蝶挣脱蛹　钻出隙缝　蜕变掉踌躇
不管昼夜　不论对错　恬静时旋舞

成虫

梦

透支太空　海底消融
无谓黑夜　在虚空

混淆寂静的汤　我生与孤独为伍
大地拾起陨石　销毁草木的温度

朝圣者　道路扭曲的尽头失踪
蛇爬过　蔓延不可逆转的枯荣

熄灭肉体　如沐春风
咀嚼蝴蝶　反覆梦

病

无私凌锄
脊椎扭曲成刺
撂倒了谁的低迷
摇曳未过大半的途路

乌鸦重复着谗谤
与神明同步
让日盲者拆卸主见
演化两栖的爱

长矛偏颇
诡谲而踉跄
把灰暗
刺入身上

病者成医
推送着膜拜圆月
被光害主导
失足正午时

奸诈叵测
于大潮袭击时成年
在死神的祭典中
献祭遥远

深蓝

不知从何时降临
深蓝如水滴般
翻腾于灼热陆地
那片沦陷的重灾区

黄昏后
把人类隔绝
分拣出宝石
镶在那良性之魂
仅存的墓碑上

一公里外
群居的月光
临盆于波涛中
拥挤破损的歌谣
在孤独的摩擦下
浮沉成黑夜

鲸

恰逢经过海湾
专门为渲染波纹
看它随时间弭平
泛滥了　一场空

如雕塑沉淀
不被浪潮击垮
从萎靡到屹立
也许仅是场梦

也许坚强是虚假的
渴望却源源不绝
卡在裂缝里
企图支撑着生活

藤壶镶嵌躯壳
被当成灵魂载体
那无法拔出的杰作
随着一声歌颂
与遗言共同脱落

翻身了
多年以后
在天堂的彼岸
与沙砾蒸发于乐园

陪海

蓝天的前方
无限延续
连接到哪里
世界失智

泡沫取代了鲸群
在虚构的朦胧中
前路不清晰
宁愿溺在水里

深浅无常
习惯了错愕
跃动本色
理应消磨的意义

岛瓦解的那天
思绪永存
浪潮来得刚好
抛开了全部

什么都流淌
只剩下了回音
还陪着
懵懂的海

无赖

捞起灵魂
用欲望交织的渔网
鲤鱼与无知碰撞
龙门前都沦陷　跳不准

水的形态在湖面更迭
波涛涌动把日夜侵啮
春风无法将冰雪切割
在人传人的　失焦的狂热

鲸群离开孕育他们的深海
戏谑自己为最深情演技派
攀登　内壁破裂已久　阴森的山洞
剖开　双眼泛白　心也止不住跳动

等那封无谓拆解的剖白
陪乌云散尽后　连绵起伏的山脉
硬把流星当成莓果采摘
试问谁是不通人情世故的无赖

赤裸

无人驾驶的船只
还在激流中远航
自由的浪在瑟缩
牢笼中一片汪洋

鲸群自愿搁浅
它们唱安息的歌
沙石与时间胶着
越红眼越接近意志

浪吸收了云的颤抖
其实被酸雨下了咒
海水永恒的沉默
回溯下一次赤裸

赎罪

鱼吐出的
那不起眼的气泡
打磨了失落
陪伴沉静
在无光处绽放

翻涌出骇浪
朵朵致命而张扬
今夜的渔船
失踪于赎罪的果

消逝蓝海

潮水来时　将沙石卷入角落
风暴前夕　已掩埋灵魂自我
盼望无边的昼夜

岸边僻静　蓝水倒映着过去
鲸也消亡　曾经柳絮成废墟
听浪吞噬着唏嘘

不愿睡去　想和游鱼徜徉海际
遗憾夜里　细雨纷飞激情消逝
言语间已淡去气力

日子

日子
如居住在
玻璃窗的日落
走远了
在一瞥之前

被晚风奏曲
倜傥清爽
卷走烦琐
换夏夜风情

流星天际
惊艳了期许
消散在内心
折射光明

四季

天盛开在海岸线
晕染了浪花朵朵
夕阳摇曳　波光潋滟
雪消融金箔　延绵着澎湃

无意间　扔下几片云
雨在密林间生生不息
涤去些许忧愁烦恼
淅沥一地鸟语虫鸣

花开的碎片
散落在窗边
风絮与蝴蝶交替
拾起　拼凑成了四季

花火

如灯芯被修剪
白洁而赤裸
待到焚烧
进化为亮光

把生命献祭给
那深爱的幽暗
执着于漫长
逸出了永存

喷涌无数希望
虔诚的指引下
响彻天地交融时
灵魂并合的花火

热忱

清晨　那偏远山镇
尚有太阳残留的余温
枯树上　鸟巢不见主人
苍白无奈　隐没了繁盛

雪　糖霜般天上撒落
在窗沿停顿片刻
随即向土壤跳落
滋润大地的姿色

风雨清冷　天气阴沉
雪泯灭忧郁　活泼嬉闹
庭院外　景色安谧静好
云与太空也相视而笑
只属阴霾冬日的热忱

盛开的季节

夜的墓碑
结痂了伤痕
封闭的泪腺
同笑容一样葬送

掌纹不如预期
待到细雨落下
盘算生命的语言
微风变得驳杂
学着草木蔓延
在百般无赖中
越缠斗越发明显

心的降温
造就了妥协
冰冷最适合
让雨水凝结成花蕊

从云端开始重温
心情扬弃尘沙
等你凿穿了时间
我与整个世界
都将合并分裂
崭新　再次迎来
盛开的季节

绳结

晚风之前
曾交错的线索
雾霾中烂漫
逐渐黏稠而遥远

看向彼此
那最后一眼
我们角逐
蕴含许多
胶着的花苞
强忍无奈
反复绽放的煎熬

时间暂停
偷闲缝隙中
肉体已作废
当光穿凿

联通梦
羁绊灵魂
再无须言语

自由与寂寞
互相捆绑
我与你
必将
终成绳结

美丽

迷途行走在原地
埋没尽头处等你
遗忘了　尘封箱底的雨衣
叶落时　凋零也枯黄大地

沙漠中蒸发的骆驼
泪眼迷离　胡诌绿野如何宽阔
热浪侵袭　日出焚烧新鲜水印
穿破　透支自我的爱情
绳结　碎裂在离别前夕

太空陷阱　稍纵呼吸
模糊地带　轮廓依稀
我伸手　再抓不住光明
坠入那　不见五指的井
雨滴　夜色中暂停了悲鸣
旋转　风沙后终归为美丽

玫瑰海

博物馆长廊悬挂一幅幅庄严
画中他双眼逐渐被嗜欲覆掩
一声令下倾泻出花瓣的惊艳
醺醉人们玫瑰海里沉浮缠绵
晨光下海水炙热翻涌时激溅

神明注视下狂欢中的信徒
被赤色骇浪吞噬了变成鱼
无所谓何方成为他们归属
浪漫蒸散了身躯流入溪涧
迷离的灵魂将被神明宣判
试问他们心灵内真假明暗

说是因不愿终其一生的懦弱
说是奉承上帝的羔羊和农作
说灯红酒绿还称不上是罪过
说不过幻想派对中迷幻荼火

那残忍放荡的男人幻化成泡沫
可知天棚的坠落终会将他吞没
又是何人在观看着失焦宴客
鉴赏这昏庸至极的烟海娱乐

日食

太阳被取代了
心跳失衡
记忆中迷藏
吞噬前路的光

天被海染指了
晴朗的日子
熔岩聚集于月下
那里有
鲜红的涟漪

旷野被腐蚀了
黑白混乱中喷发
世界的希望
赌局不过
游戏一场

恍惚有日出
那日食的信徒
刺眼中被驯服
通通死去

物种更迭
一片金色土地
崇拜光耀的人
圈养的动物在乱舞

山谷没有回音
狂欢中
是谁
又把月亮遗忘

成虫

知己难守
爱意难留
当光芒背弃黑夜
捆绑后消逝热烈

成虫破裂了蝉蛹
隐没于无垠太空
翅膀飞舞到腐朽
缥缈对人的渴求

时间冲淡了爱的痕迹
课桌从喧闹坐到沉寂
你说你离去后迟来关心
我想我只需失联和沉浸

麦穗

秋风扫落时泛黄
雨水冲刷在脸庞
面朝向暖阳
低垂着回想

它见证的过往
从繁衍到消亡
比如孩童踏青时嬉闹
抑或年老夫妇的争吵
感受夏日烈照和冬日冷冽
还有刚冒出嫩芽时　胆小的羞怯

年　还差　个季节就满了
田野也即将被雪霜封存
在临别之际
麦穗的记忆
并不是没变成金子的遗憾
或无法飘过最外围的栅栏
而是春季学童们的笑颜
和秋野午后收割的灿烂

淡化加工后的复杂
抛开那些无谓繁华
昔日布满快乐的眼帘
是能铭记一生的瞬间
因片刻　终会于心间永恒
化作灯　照亮离别的路程

明天

溪涧流淌时间的刀片
割断连接起彼此的线
曾满怀着爱意的依恋
幻化相敬如宾的无言

装起回忆锁上阁楼
不见住着我的眼眸
消散雾气弥漫窗口
悲欢离合同时置邮

眺望流星许下了诺言
背对背我们逐渐走远
领略寂静诉说的可怜
夜阑时我将描绘明天

重逢

波光在海面流动
午夜陨落的怂恿
搁浅的蓝鲸似是歌颂
万物终将消亡的笼统

我们约定着重逢　蹉跎在平行时空
不过梦中擦肩错过的朦胧
猩红念头在煽风　心在安静时失控
自尊是压抑奔向你的冲动

仰头注目着无际太空
灵魂在泪雨流干后失重
飘荡于水雾　或成为彩虹
徒留躯壳与凋零的星辰相拥

流淌

车轮在磨蹭　吱吱作响
道路熟悉了　压延的神伤
风雨连绵　与笛声纠缠起惆怅
黑暗处　遗失在乐谱的篇章

黎明和日落都一样
光照的同时　变成梦的史书
倒带中落空
雾霭里　孤寂的船桨
挥霍着荡漾
泛起涟漪　却不曾流进心房

太阳　被冰封在人世间消磨
夜幕中面孔重归为赤裸
繁星是蜘蛛编织的迷惘
在名为角落的地方
有沦丧星球的船舶
呢喃地说
它忘了时间该怎样流淌

光与阴

花散落在异国
晴朗时芳香
此刻却又
只剩青草的气息

如沉浸于戏剧
那一场旅行
诠释着的
最终合并了自己

窗外粘连着雨
被风煮沸的热浪
不知飘到哪里
浇熄了蝉鸣
更迭心底的声音

光依然探险
叫醒了有限的风景
生活
用迂回方式

在道别白昼之后
悬挂的月
正享受着
阴影的韵律

糜烂

晃荡在宇宙旷野中
流浪着一个吞噬所有陨石
加冕成为世界之最的星系
缥缈不定　无人问津

时间在和世界拉扯
布匹盖到角落一侧
被迷雾挑染出颜色
漂白掉纯粹的快乐

胶卷比月圆更憔悴
稀释了云朵的尖锐
失眠情绪的怨怼
原来滑稽在作祟

在混沌不明时
没了鳍的鱼群在水中共舞
太阳被制成种子
白昼来临前就糜烂于幽谷

溶液

秒表耻笑着里程碑
傍晚的星空看起来格外明媚
气球飞行在天际还是海底
活着　终究作为线团的奴隶
牧羊人在钟响时翻找
支持隐形主义的指针

雪霜纷飞却踏步原地
灵魂和躯干相继走散
承载罪孽的心搔痒
今夜决定赤足流浪

冀望鲸群的宽阔
是那艳羡的自由
双手能做的仅是止血
却用磨砂膏摧残龟裂
笑容粘连　大理石雕刻的丧尸
时间流淌　只让世界把谁遗忘

窗前腐烂了一片嫩绿的树叶
当最后的珠贝开始碎裂
人们狂欢中载歌且舞
圆桌上优雅的绅士　正在举杯品尝
那瓶充满盐酸结晶的淡红溶液

缄默

乌鸦深渊中叛逆
啄食肩头的羽翼
稀疏几片灰黑色
那关于风的图册

凋零在命运的齿轮
它被幻想滋润
转一尺　消融懦弱
归宿竟是血泊
鲜红混浊世界
何以坚守缁涅

风吹起干瘪的灰烬
散尽自尊无存的心
为何执着自我
不如穿破这漩涡
仅剩碎裂肢体
水中婆娑战栗

灵魂早已中空
赦免等待的沉重
消弭彼此　粉碎于赤裸
蒙住眼　我正聆听缄默

信仰

深夜是冰冷的
枝叶被风吹起
左摆　右晃
轻轻飘落

醒来后又梦
在广袤沙田
腐烂了身躯
最后送葬的
是来自远方
皎洁的月光

那根木桩记得
怎么能遗忘
只不过自己
也被砍伐得沧桑
唯独暴露在切口
快被风干的年轮
还记录着
此刻的存亡

把在仅剩的
干枯黄叶上
啃噬的昆虫
当作陪伴与认同
作为活下去的信仰
挂上云杉　变换成彩虹
那时　蚕在雨中编织起茧
浸湿的泥土正与树皮缠绵

最终解决方案

毒气弥漫着　虚脱
手掌无力撑起蓝天
枯竭了源泉　逝去
寻找天堂或是烈焰
指甲抓下带血的字眼
窗口呼吸闭合起视线

是同类吗　还是刽子手
身为行尸走肉的土一抔
如何走……
不能够……
体面远去　仅剩存骷髅
企图祷告　将手足死守

夜晚他做了噩梦
酷刑鞭策又新增
猎杀灵魂和志诚
墓这无人住的坑

日记装进口袋　埋在地底
祷告无果而终　烂死心里
战乱开出花　焰泛滥胸腔
记忆都照明　前路上耀亮
时间不弭平　正义不穷凉

安葬

伏特加俯身消融空洞
合成的寻觅者在歌颂
追逐着虚度的游戏
地面只剩半身倒影

描绘着玫瑰
仿佛烂漫
未经任何雕琢
又从背后
于花苞的中央
拆卸出破碎能源

绽放时
理想作为代价
让生命失去光亮
虚构的灵魂只能涣散

让伤悲失忆
任由雨熄灭了你
六月有留白的书信
盛夏捆绑风筝上

随着洪流飘荡
寂静了本心
随夜磨去翅膀
末路是梦想

长眠

掉进
文字之间
陷阱用蜜糖口吻
颠倒
接驳剧场
电流会点缀一切

零碎切割
随着纸屑装满
填充物重整
细菌无息无声
繁衍尘螨

过度分裂
在无氧的温床
让爬行占据世界
杀虫剂由勇气组成
从边界　吞咽　蔓延

净化物质
转眼间晕眩组建
抛下依恋
我在觉醒中长眠

不完美

泪眼哭干　眉愁
风在发梢逍遥
窗棂遮掩着泥泞
轻声呢喃着风流

石窟冰冷依旧
烛夜明灭
腐朽壁画上
记录着彼此守候
别去的曾经

垂首时
场景从高处堕落
离别的钟声敲响

等凌晨　盘旋舞动的蝴蝶
晕眩了幻想世界
梦醒来　仿佛置身笑话
人间总有稀碎雨滴

爬出沼泽
泥泞于身后溢出
拉扯一地是非
继续走吧
就算不完美

轮回

修行的蝉

夏天是崎岖的
太阳的旧把戏
总要表现些反叛
已经不新鲜了

热浪灼伤了幼虫
恰巧清晨的露珠
正拘泥于绒毛
水　一如既往的倜傥
感染着快痊愈的旧伤

一定要经历的
再也无法逃离
从摧残到重生
漫长而深刻
促使它于烈日沉沦

树下乘凉
听闻鸣叫声
是多么痛苦
却又如此美妙

问起时
它也不觉得
这有何不妥
“那是恩慈，
是进化的代价”
如是说道

再相遇时
它已入土为安
我搭建了一个墓碑
插在花园的角落
上面写着：

沉睡吧
勇士已成就夏季
沉睡吧
修行的蝉

维度

情蕴斑驳海岸线
宇宙炸裂了空间
数不清繁星堕落
蓝绿也闪倏交错

文明殒身长廊
程序融毁梦乡
为何要列举公式
不若就随它如此
荒诞的皮囊是意义
败坏思想搁浅迷逆

世界混沌也失落
消散肉体　坠入虫洞
文字舍弃了楮墨
册页扭曲维度　心灵重叠偎拥

悟

赧然的桃木剑
藏在深情的侧颜
艳丽地将我谋杀
因孤立的核心赤裸
空洞了回声
拒绝为之繁衍

自由流淌于地表
听鸟雀之声碰撞得清脆
歌唱空　又歌唱所有
衬着渺小的浩瀚
千万将死之物合音
响彻的　至于何处

参透须臾的真谛
一切都属于回溯
而待到重力暂停
一个时空的虚拟
往往　飘忽不定

动物草木

无奈的动物
涣散了视线
翻找记忆
接驳
拼凑成时间

它们歇斯底里
证明是至关重要的
所以空洞的宣誓
现在　过去　抑或未来

路过的余生
是疲惫不堪的
争霸赛上追逐一切
到头来还成虚空

最后累倒在土壤
双眼还妄想前方
周围　草木扶疏
枝叶浮动　取代了呻吟

树生活在高处
它在半空呆滞
从不记挂这些
也无谓唏嘘那些

只是遵循着风
摇曳跌宕
只当洪水泛滥
把自身拧干
在月初变换容颜
潮汐时又是梦一场

家的方向

独自在森林旋转
想待到昏厥
让迷幻眩晕
树丛把我吞噬填满
颜料把绿叶染成蓝

也有动物曾停留
但都已逐渐腐朽
宇宙冰冷依旧
雨水浇打细柳
被淋湿的我　放纵知觉
变成弱不禁风的麻雀

深夜　在星辰明灭时黯淡
停不下破浪前行的帆船
也许　提醒谁不要去期待
雾霭里寻觅自己的蓬莱

心碎裂时　你摇醒月亮
如钻石般洒落陆地
瞬间　世界坠入温柔的暖洋
惊艳着我　来不及哭泣
只剩目光呆愣
看那束光　穿过缺口
指往着家的方向

希望

时间散尽
在缥缈无瑕的虚空里
昼夜隐匿
每个灵魂都开始流浪
徘徊的心
等风再次把面孔吹亮

没有一朵桃花垂怜
风筝线纵情地断裂
瞳孔默许了阴雨天
意义被重塑又碎裂

可生来背着希冀
便不惧蛇的毒液
日食夺取了太阳的身躯
啃噬后　幸存的只有希望

故乡

这丝丝牵挂的酽念
化作朵朵晶莹雪莲
融化沾湿微红指尖

这是引人归家的迁徙旅雁
流连浸染星辰的寂静庄园
歇在布满萤火虫的池塘边

星光粼粼
璀璨湛蓝酣睡温床
泪眼盈盈
看她故乡又在何方

回望

再次回望
身后还是你
多年依旧
盛满温柔的眼

被云的纹理包围
拥护之下的生命
蹒跚着陆
勇气与坚强
造就满堂星光

拥抱中成长
当你疲惫时
我会扛起太阳
共同普照家乡

清醒

我翻山越岭赴往彼岸
在满山花海找寻心安
簇叶自此爱上秋夜
预期起未定的零谢

何时是归程
抚摸堆积眉宇间深沉
流血的伤痕
湖倒映的人似在拥吻

凝固的幻想开始融化
流淌滋润温树的春夏
纺锤造的梦境里逐渐清醒
你不过是我擦肩而过的身影

结果

雨天沉默
种植
结果
兴许埋下自己
根除生命中
不起眼的杂质
把本心成就
推崇论的法则
霞光冉冉升起
根茎便触及自由
带我将回到那个梦
那个　从无到有的地方

契约

逐月自遣于大海蓝天的交界
聆听身后那片我熟悉的山野
山涧里飞过稍纵即逝的飘雪

白釉包容着我的欠缺
最后放纵时欢快雀跃
蜡烛点燃圣火时明灭
舞裙也被挥霍到干瘪

银河簇簇混沌流光倾泻
流淌到空间　穿透我指尖　碎裂
萤火虫堕落骇浪成了午夜
蹂躏神与世界的契约
等待那最纯粹的判决

亡灵叙事

普里皮亚季上空
那明灭的烟
冉冉升起时
幻化成那些繁云
雨滴诉说着

是那肝肠寸断的哀念？
互相推脱着的谬误
不在乎
还是刻骨铭心的爱恋？
枪支带不走的守护
不服输

絮语滴滴
带着混凝土与岩溶的罪孽
伴随地下室内被迫
浇灌的水
并同石棺材落下时
飞扬的灰
扩散大气于无界

共生体

在昏暗中睡去
品尝夜色细雨
眼里波光幽亮
断送神经念想

细核*酝酿正反
支配身体运转
迷离的操纵者
齿轮加速罪恶
你争我夺之余
歌颂胜利的欲

光芒洒进深渊
照亮死去渊源
窒息于线粒体
轮回在共生体

* 细核：细胞核

贩卖机

销售灵魂的贩卖机
邪念远比道德纯粹
原来精炼善意的器皿
已被面具和硝烟腐蚀

滴管储存圣灵的泪滴
风起云涌　坍塌了墙角日历
枪声迷惑了黎明的凯期
乌云拖拽丧病　横扫整片陆地

拼凑荆棘　捧起编织　制出人脸
玫瑰扎破又一条底线
喧嚣如洪水泛滥　覆盖着无名哀怨
破碎的月光也憔悴黯淡

让时间支援　守夜人正在失眠
流浪的草原　羊群模糊着夜幕焦点
更抬手细数　蝉鸣时检验夏天
翠绿色萌芽　在被淤泥浑浊的台面

星辰

时光洪流奔向
交织云梯梦境
斑驳树影扶疏
蒙眬泪眼战栗

看你的足迹
初秋搁浅　风稀释着记忆
等你的不懈
蝉背弃树　寂静连绵起夜

透彻圆缺方常驻幸福
失去知觉才自我复苏
魔鬼续约　与之交换
化成星辰　拥抱黑暗

点亮

烈日曝晒着魂魄
达到熔点　消散了轮廓
聚光灯下　凝望着
对岸仅存在于胶卷的颜色
与被思绪淹没眼帘的旅客

一个个追随步伐都失去理由
水涔涔的河干枯后怎么汗流
水再也无法凝聚自己
北极熊最终皮包骨
变成灰烬　散落满地
仅剩回忆　消磨睡意

银河中星辰正辗转反侧
独守着各自破碎的躯壳
想把宇宙的光芒点亮
想在时间的歌中回荡

失落山野

烈焰　不羁叫啸的笼统
脸孔　无济翻腾时从容
看你唏嘘画着图腾
看我身躯海里变冷

被恶魔算计的信徒
与蛇共舞着手腕
赤裸羞涩看她的主
啃噬着生命弥漫

繁衍算计没过耳骨
恶俗境地在明灭
蒸沸日落照耀的湖
望亮光失落山野

蜉蝣

朝朝暮暮
池塘概括了天地
垂眸播种
稀薄吐出繁盛

时间付给思量
半身淤滞水中
碰触明月
凝结希望

雷阵雨中晴朗
爱恨的交织
沉淀于池底
滋润了
一场梦

生命总是冗长
噤声的喧哗
匆匆而过
宛如仓促间
死于日落的
蜉蝣

故乡的远方

故乡的远方　有座海滨村庄
拂晓　朝霞埋在云里　橘红沾染天际
街道游荡　清风冷雨搭讪　撩拨行人发丝

滩前细沙　搅拌碧蓝骇浪
粼粼波光　迎合帆船声响
起伏跌宕　追逐那头　海岸线的太阳

村庄习惯了人们悲欢存亡
只在失落时　给予温婉细腻的月光
半数凋零的城堡胶着皎亮
日复一日　年复一年　积攒邋遢
倔强看守　余震后幸存　仍呼啸的山崖
也见证集市的过往　从浮华到伤疤

什么时候　故土心间暗淡　不再向往门槛
什么时候　远方将其替作　蕴酿我的摇篮

归途

凌乱在树梢的雨滴
滑落一地　泥泞掺杂着回忆
剩下蒲公英的种子
舔舐甘苦参半的淅沥

传教士遗忘了上帝
只向往黎明的美丽
朝圣者自行刺瞎双眼
鲜血在许愿池中蔓延

精心修剪枯萎的花
像不愿遗弃朽木的乌鸦
只是风　浪涛般汹涌而来
却在盛夏消融于郊外
因为已淌过了所有荒芜
就不必再费时　等待归途

终点站

当一棵幼苗开始期许
光束混合在林间的葱郁
大地唤醒了沉睡的心
他酣醉于湖的深情
和大雁一同到达目的地
研究银河系的谜底

眨间几年孤寂
年轮剥落于枯朽的树皮
少年沉淀在深水里
剩下太阳和心
不知随骇浪　刮去了哪里

掰开他紧握的手心
是当初那棵已年迈幼苗
沙石淹埋了存在的痕迹
原来他们都已凋零
后来风吹起蒲公英与他的约定
缥缈云雾中于无形
他们的终点站
在一颗　千年前消亡的晨星

永恒流淌

一瞬空茫了昨天
借着路边发光的侧颜
把幻影咀嚼
如动作乏味成篇

月浇灌着土壤
把危境繁衍
游禽被击落
盘旋呼啸的欲念

浮生连绵着心愿
却失意于钟响前
精明的人儿
正换算荒唐

在长河
被诅咒的疯狂
千百年不变
永恒流淌

人生

黄风　荒芜中私奔
收载枯萎麦田
把真实粉碎
垂涎发芽

肤浅的人生
吹灭在山河表面
让硝烟破裂视线
注视狭隘的美

忧伤是
被赠予天的子弹
远扬荒凉
代表初始的原貌
播撒空泛
掏空欢愉的颜色

饮下解忧的汤
住进斑驳情节
渲染烂漫
浮沉梦呓
“土地泯灭了绝望
正摇晃着一盏光”

船

晃眼　思绪黯淡
宛如被箭穿透的靶心
云坠　迷离成透明泡沫
光阴也消散于盛夏

也许　思考是徒步的意义
足底碾压　又一次编排的轮回
雕刻家的血　融于作品
凝结成永生的玫瑰
只在野草中绽放
当夜里还有晨曦

蝉划破白净的线
零落遗憾　纠缠身后
最终也会无人问津
茧结出摧枯拉朽的怀念

死去的鲸在海中涣漫
属于时间的葬礼
永远将长眠地底
沉沦在流域的果断

走到尽头的展览馆
推门远去　告别熙攘
眼前有淡金色的陈旧海滩
漂流瓶带来异世界的邀请函
此刻　我正在踏上　那黄昏造的船

入境

蓬勃的谬论
始于黄金之巅
祈愿犬日夜不眠
催产声声沙浪

诡秘的面具下
揣摩着预言
谛听淤积在器官
散发尸臭的迷恋

彼时
北夜幽冥
雷鸣
割夺魂曲

沦陷入境
那来自禁令的技艺
迷晕四季
逃向通往天国的阶梯

永存宇宙

午后　星空
有悬挂的念头
月亮说着晚安
在本该光照的地方

务必记得安静
耐心等待
直到傍晚时分
才能放晴

就这样
夕阳的国度
被守候了出来
待余晖扫去星辰

被拉长
也许片刻
就足够
永存宇宙

回答

睫毛分离的窘况
梦中断时　该如何蔓延
喘息的瞬间

就像奔跑的瞬间
虚脱极限　任肌肉拉扯
撕裂的情节

照亮的海没有尽头
涣散光　不再追逐
鲸落在无氧的环境
变换成彩虹

阖上眼来倾听大海
生命运作的殿堂

“用真实把真实包裹”
起飞前　它是这样
自由地　向我回答